Armgard Beran, Sabine Castner, Julia Sulies

Lesen mit Sinn

Texte lesen und verstehen

Heft 2

Bestellnummer 07394

Bildungsverlag EINS
a Wolters Kluwer business

Inhaltsverzeichnis

Unsere Erde

Das tiefste Bohrloch in der Erdkruste ist 12 km tief. Dort ist es 450°C heiß. Je tiefer man kommt, desto heißer wird es. Im flüssigen Erdkern herrschen bis zu 5 000°C.

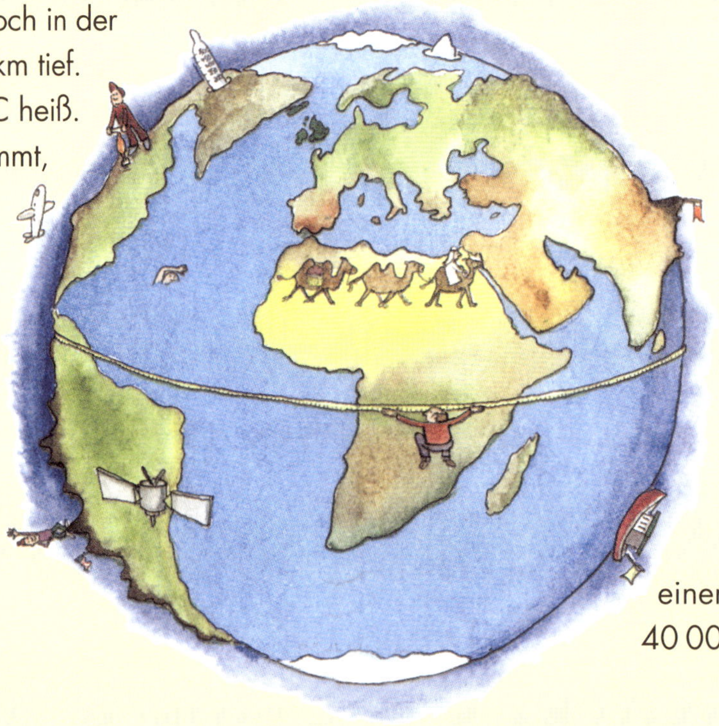

Am Äquator hat die Erde einen Umfang von 40 000 Kilometern.

Festland:
Es gibt sieben Kontinente** auf der Erde. Asien ist der größte.

Eis:
Die kältesten Stellen der Erde sind die Pole. Es kann dort manchmal kälter als –80°C sein.

Gebirge:
Auf allen Kontinenten gibt es gewaltige Gebirge. Der höchste Berg ist der Mount Everest mit 8 848 Metern.

Wasser:
Über zwei Drittel der Erde sind mit Wasser bedeckt. Die Ozeane sind alle miteinander verbunden. Man könnte mit dem Schiff einmal um die Welt fahren, ohne an Land gehen zu müssen.

Wüste:
Sandwüsten sind trocken und heiß. Es regnet dort fast nie.

Im Laufe eines Jahres umkreist die Erde die Sonne. So entstehen die Jahreszeiten. Und weil die Erde sich dabei innerhalb von vierundzwanzig Stunden auch noch um die eigene Achse dreht, wechseln Tag und Nacht sich ab.

Quelle: Der Kinderduden. Das Sachwörterbuch für die Grundschule. Bibliografisches Institut & F.A. Brockhaus AG, S. 76.

**Äquator = längster Breitenkreis, der die Erde in die nördliche und die südliche Halbkugel teilt*
***Kontinent = Festland, auch Erdteil*

1. Beschreibe die Erde in Stichwörtern.

Umfang des Äquators:

Temperatur in 12-km-Tiefe:

größter Erdteil:

Anzahl der Kontinente:

Namen der Kontinente (Du findest sie im Atlas oder im Internet!):

Name des höchsten Berges der Erde:

Höhe des höchsten Berges der Erde:

Verteilung von Wasser- und Landmengen:

kälteste Gegenden der Erde:

Besonderheiten von Sandwüsten:

Ursache der Jahreszeiten:

Ursache vom Wechsel zwischen Tag und Nacht:

Papa, heute ist Zahltag

Taschengeld! Kinder verfügen über sehr, sehr viel Geld

Als Konsumenten* gewinnen Kinder und Jugendliche zunehmend an Bedeutung. Damit sich darüber nicht nur die Hersteller von Süßigkeiten und Spielen freuen, sollten Eltern feste, nachvollziehbare Taschengeldregeln aufstellen. Das hilft später „Geldangelegenheiten" zu bewältigen. „Taschengeld sollte schon im Kindergartenalter gezahlt werden", empfiehlt ein Kinder- und Jugendforscher.

Doch wie viel ist angebracht?

Eine gute Richtlinie sind die Empfehlungen der Jugendämter. Entscheidend ist aber nicht die Höhe des Betrages, sondern, dass er regelmäßig und nicht nur als gelegentliche Belohnung gezahlt wird. Vorher muss festgelegt werden, ob auch Kleidung und Schulsachen davon gekauft werden müssen. Eltern sollten die Beträge pünktlich und regelmäßig zahlen. Der ideale Starttermin ist ein Jahr vor der Einschulung. Kinder bis zum Alter von 9 Jahren sollten ihr Taschengeld wöchentlich, ältere monatlich bekommen.

Quelle: Focus, Das Magazin für angagierte Eltern. 4/2005, S. 102.

Das ist eine Grafik (Schaubild).

Die Grafik stellt Richtwerte (Höhe des Taschengeldes) für Groß und Klein dar.

Kinder brauchen Taschengeld

- damit sie lernen, mit Geld umzugehen
- das sie nach eigenen Vorstellungen ausgeben dürfen
- das regelmäßig zum vereinbarten Termin gezahlt wird
- das **nicht** zur Belohnung oder Bestrafung eingesetzt wird

Jüngere Kinder sollten ihr Taschengeld wöchentlich, ältere monatlich bekommen.

Vom Kinderschutzbund empfohlene Höhe

6 – 7 Jahre	bis zu 2 Euro wöchentlich
8 – 9 Jahre	2 – 3 Euro wöchentlich
10 – 11 Jahre	10 – 13 Euro monatlich
12 – 15 Jahre	15 – 20 Euro monatlich

 S0276

Konsumenten: Verbraucher, Käufer

1. **Formuliere mithilfe des Textes sechs wichtige Tipps für die Eltern.**

Taschengeld – Tipps für Eltern

2. **Sieh dir die Grafik an.**
Beantworte folgende Fragen:

Was stellt die Grafik dar?

Wonach richtet sich das Taschengeld?

Wer bekommt am wenigsten?

Wer bekommt am meisten?

Lachen ist gesund

Wie man wohl ohne Gewalt eine größere Ansammlung von Menschen zerstreuen könne, werden die jungen Polizisten gefragt.
Meldet sich einer und sagt: „Da ist gar nichts dabei. Sie nehmen eine Geldsammelbüchse und fangen an zu sammeln."

Sonntagnachmittag. Familienausflug in den Zoo. Vor dem Gehege der Kamele: „Wer ist denn nun der Kamelvater, und wer ist die Kamelmutter?", fragt Benjamin. Die Mutter gibt zur Antwort: „Merk dir, Junge, das größte Kamel ist immer der Vater!"

Weinend kommt Alex zu seinem Freund Willi gelaufen.
„Was ist denn los, Alex?"
„Ach, Mensch! Mein Vater hat sich beim Bilderaufhängen mit dem Hammer auf die Finger gehauen ..."
„Na und? Deswegen brauchst du doch nicht zu heulen!"
„Hab ich zuerst auch nicht, da hab ich gelacht."

Herr Professor Grünebein geht – wie immer zerstreut – über die Straße. Beinahe wäre er von einem Radfahrer angefahren worden.
„Haben Sie mich denn nicht klingeln hören?", fragt der Radfahrer.
„Doch, doch!", gibt Herr Professor Grünebein zu. „Aber ich dachte, es sei das Telefon."

Ein Mann sammelt schon eine ganze Weile Pferdeäpfel ein.
„Was machen Sie denn damit?", will ein kleiner Junge wissen.
Sagt der Mann: „Die gebe ich zu den Erdbeeren."
Sagt der Junge: „Aha, mal was anderes als Schlagsahne!"

Lehrer zum Schüler: „Schon wieder kommst du ungekämmt in den Unterricht!"
Schüler zum Lehrer: „Hab leider keinen Kamm."
Lehrer zum Schüler: „Dann nimm den von deinem Vater!"
Schüler zum Lehrer: „Der hat aber eine Glatze."

Ein Futtermittel-Vertreter erscheint. Er fragt den kleinen Bauernbuben: „Wo kann ich denn deinen Vater finden?" Darauf der Bub: „Im Schweinestall. Sie erkennen ihn an seinem karierten Hemd."

Quelle: Hans Gärtner: Leselöwen Kinderwitze. Loewe Verlag 2005.

1.

Wähle aus den folgenden Überschriften zu jedem Witz die passende aus.
Schreibe sie über den entsprechenden Witz.
Achtung: Zwei Überschriften sind zu viel!
Streiche sie durch.

Vater ist immer der Größte!

Schmerzhafte Schadenfreude

Die Geburtstagsfeier

Guten Appetit!

Die gewaltlose Lösung

Schlecht frisiert

Im Wald

Auf dem Reiterhof

Die Verwechslung

2.

Arbeite mit einem Mitschüler zusammen.
Sucht euch einen Witz aus, der euch besonders gut gefällt.
Spielt ihn als Rollenspiel vor der Klasse vor.

Enttarnt

Es ist weit nach Mitternacht, aber Frau Tätscher sitzt noch immer am Schreibtisch und korrigiert Diktate.

Die Überstunden verdankt sie der Begriffsstutzigkeit ihrer Schüler, die eine Anweisung von ihr leider wörtlich genommen haben.

Was ist passiert?

Am Morgen hatte Kurt gefragt, ob er seinen Namen unter die Klassenarbeit setzen solle.

Dummerweise hatte Frau Tätscher genervt geantwortet: „Ihr könnt auch alle mit **Weihnachtsmann** unterschreiben!"

Nun hatte sie die Bescherung: Alle haben die Arbeitsblätter mit Weihnachtsmann unterschrieben.

Aber Frau Tätscher hat einen Weg gefunden, die Arbeiten der Schüler trotzdem richtig den Schülern zuzuordnen!

Anhand alter Hefte macht sie den Schriftenvergleich.

Nur bei den letzten sechs Weihnachtsmännern kommt sie ins Schwitzen. Wem gehört welche Arbeit?

Lösung: Der 1. Weihnachtsmann von oben ist Paul. Das „s" in Schreibschrift verrät ihn. Der 2. ist Ahmet. Sein „t" schreibt er ohne Haken. Der 3. Weihnachtsmann ist Edith mit dem Kringel über dem „i". Der 4. hört auf den Namen Hanne mit der Schleife im „h", der 5. heißt Kurt und schlägt kleine Haken über das „a". Der 6. Weihnachtsmann bleibt übrig, es ist: Lutz!

Quelle: Die Schulhofdetektive von Hans-Jürgen Feldhaus. Deutscher Taschenbuchverlag, S. 58ff.

1.

Beantworte die folgenden Fragen.
Ist die Antwort *Ja*, wird der Buchstabe aus dem grünen Feld, bei *Nein* der Buchstabe aus dem roten Feld in die Kästchen unten eingetragen.

A **M**

Sitzt Frau Tätscher frühmorgens am Schreibtisch?

K **A**

Verdankt sie die Überstunden der Intelligenz ihrer Schülerinnen und Schüler?

T **L**

Fragte Kurt am Morgen, ob er seinen Namen unter die Klassenarbeit schreiben solle?

H **V**

Hatte die Lehrerin geantwortet, dass er mit ***Weihnachtsmann*** unterschreiben könne?

O **E**

Hatte sie das ernst gemeint?

R **T**

Unterschrieben nun alle mit ***Osterhase***?

E **C**

Hatte die Lehrerin einen Weg gefunden, die Arbeiten trotzdem richtig zuzuordnen?

S **X**

Kam sie bei den letzten zwei ***Weihnachtsmännern*** ins Schwitzen?

T **B**

Heißt die Überschrift ***„Enttarnt“***?

Lösungswort: **M** _ _ _ _ _ _ _ _

Hunde suchen ein Zuhause

Echte Tierfreunde gesucht! Obwohl er fast taub ist, wurde Leopold, ein älterer, ca. 8 J. alter Schäferhund-Mix-Rüde, einfach ausgesetzt. Er kommt m. seiner Taubheit gut zurecht. Wir suchen f. ihn ein besonders liebevolles Zuhause, wo man ihn aufpäppelt u. die schlimme Zeit vergessen lässt. Welche Tierfreunde geben ihm den Glauben an den Menschen zurück?

Notfall! Jimmy ist ein 5 J. junger Jagdhund (Brittany/Breton), macht seiner Rasse alle Ehre. Sanft u. gehorsam, möchte es allen recht machen, er ist lieb, verträgt sich mit seinen Artgenossen prima u. könnte sich problemlos in eine Familie mit Kindern integrieren. Wer möchte einen liebevollen Hund zu sich nehmen u. ausgiebige Spaziergänge mit ihm unternehmen?

Wesley, ein klein bleibender, hellblonder 3 Monate alter Dackel-Terrier-Mixrüde. Seidiges Haar. Er sieht einfach zum Verlieben aus und sucht eine fröhliche und liebevolle Familie, damit aus ihm ein glücklicher Hund wird.

Vagabund, eine wunderschöner und ganz lieber Mixrüde von 3 Monaten, kurzhaarig, grau, mit etwas weiß und schwarzen Flecken, mittelgroß werdend. Er ist sehr liebevoll und sucht genau so ein liebevolles Zuhause. Wer hat Zeit und Lust ihm diesen Wunsch zu erfüllen?

Span. Wasserhund „Rocco“ (sieht aus wie ein Pudel), kastr., geb. 2004, braun: Rocco ist ein intelligenter, temperamentvoller und lieber Hund; er kennt Kinder, ist verschmust u. verträglich m. Artgenossen, benötigt aber noch Erziehung. Begeisterter Schwimmer und Apporteur – will beschäftigt werden.

Mittelgroße Schnauzer/Labrador-Mischlingshündin, 6 Monate alt mit lackschwarzem Fell sucht abwechslungsreiches Zuhause. „Mora“ ist eine zauberhafte Hündin: Sie ist temperamentvoll und verspielt, lieb und sehr aufgeweckt.

Quelle: Bonner Generalanzeiger, 28/29.01.06.

1. **Für welches Tier würdest du dich entscheiden? Begründe deine Wahl und schreibe das Ergebnis in dein Heft.**

2. **Fülle die Tabelle aus und verwende dazu die Zeitungsanzeigen. Wenn du zu einzelnen Punkten keine Angaben findest, kennzeichne die entsprechende Spalte mit einem Strich.**

Beispiel	Leopold	Jimmy	Rocco	Vagab.	Mora	Wesley
Alter						
Größe						
Geschlecht (Rüde/Hündin)						
Rasse						
Mischling?						
Verhalten – Charakter (in Stichworten)						

Gute Laune bekommen

Nicht so gut drauf? So wird's besser!

Schlechte Laune kann einem ganz schön den Tag vermiesen. Dein Bruder hat schlechte Laune, weil er eine schlechte Klassenarbeit geschrieben hat. Papa ist gereizt, weil sein Fußballverein verloren hat. Und du bist vielleicht miesepetrig, weil es schon eine Woche regnet.

Man kann die Gründe für schlechte Laune gar nicht aufzählen. Es soll Leute geben, die immer mies gelaunt sind. Dahinter kann auch eine ernst zu nehmende Krankheit stecken. Wer also nie gut drauf ist, sollte sich unbedingt einem Arzt oder einer Ärztin anvertrauen.

Gegen die normale Miesepetrigkeit gibt es jedoch supertolle und absolut leckere Tricks. Klar, wenn du dein Lieblingsessen bekommst, wird die Laune viel besser. Aber nicht nur der Geschmack, sondern auch die Inhaltsstoffe mancher Lebensmittel sind wahre „Gute-Laune-Macher". Diese Stoffe sind so genannte „Glücksbringer". Sie stecken zum Beispiel in Bananen, Ananas oder Schokolade – aber Vorsicht: Zu viel Schokolade macht dick und schadet den Zähnen! Deshalb den süßen „Verführer" nur in Maßen genießen.

Sauer macht lustig!

Zitronen und andere saure Früchte können tatsächlich auch die schlechte Laune vertreiben. Wenn du in eine saure Frucht beißt, verziehst du unwillkürlich das Gesicht. Dein Gegenüber wird dann lachen müssen, und Lachen steckt bekanntlich an.

Auch Musik oder ein Spaziergang an der frischen Luft kann schlechte Laune vertreiben. Du hörst deine Lieblingsmusik, wenn es mal wieder regnet, dein Bruder lernt wieder besser und Papas Fußballer treffen wieder ins Tor – und: weg ist sie, die schlechte Laune.

Quelle: TK Aktuell, 1/06.

1. **Unterstreiche alles das, was schlechte Laune machen kann, rot, alles das, was zu guter Laune beiträgt, grün.**

2. **Schreibe die folgenden Begriffe in die passenden Spalten:**

Freunde – Fußballniederlage – Glücksbringer – Krankheit – Langeweile – Misserfolge – Musik – Spaziergang – Sport – Streit

Schlechte-Laune-Macher	Gute-Laune-Macher

3. **Suche nach weiteren Beispielen für gute oder schlechte Laune.**
Trage sie in die Tabelle ein.

Niemand

von Frida Schanz

Kennt ihr wohl den Unfuggeist,
der mit Namen NIEMAND heißt?
Wohnt beinah in jedem Haus!
Fragt nur mal landein, landaus.
Wer hat Vaters Tisch bekleckst?
Mutters Fingerhut verhext?
Mutters Nadeln, Mutters Scheren?

Wer nahm von den Stachelbeeren?
Wer zerschnitt den neuen Ball?
Überall und überall
ists und wars derselbe Fant*:
NIEMAND, NIEMAND, NIEMAND!
NIEMAND hat das Garn verfitzt**,
NIEMAND hat die Wurst stibitzt,

NIEMAND krachte mit der Tür,
NIEMAND kann etwas dafür,
dass der Garten offen steht,
NIEMAND trat ins Tulpenbeet;
NIEMAND aß vom Apfelbrei,
NIEMAND riss das Buch entzwei,
NIEMAND warf das Glas vom Tisch!
Wenn ich ihn einmal erwisch!

Such und hasch ihn alle Tage.
Wenn ich Kinder nach ihm frage,
kommen sie in große Not,
werden feuer – feuerrot,
doch es nennt ihn mir im Land
NIEMAND, NIEMAND, NIEMAND.

Quelle: So viele Tage wie das Jahr hat. Bertelsmann Lesering, S. 162.

** Fant ist ein anderes Wort für Kind.*
***Verfitzen bedeutet durcheinanderbringen.*

1. **Verbinde die Bilder mit den passenden Zeilen des Gedichts.**

2. **Notiere die Streiche (4), die nicht abgebildet sind. Schreibe so:**

Vaters Tisch bekleckern, ______

3. **Beantworte folgende Fragen:**

Wovon handelt das Gedicht?

Wie heißt der Übeltäter?

Was bedeutet der Name?

4. **Unterstreiche die Reimwörter, die zusammengehören, mit der gleichen Farbe.**

5. **Teile das Gedicht in Strophen ein.
Lerne das Gedicht auswendig.**

Heilkräutertees

1 Bei uns wachsen viele Pflanzen, aus denen sich Heilkräutertees herstellen lassen.
2 Sie helfen oft bei leichten Erkrankungen.
3 Bei hohem Fieber und heftigen Schmerzen musst du natürlich einen Arzt aufsuchen.
4 Hier eine kleine Auswahl von Heilkräutertees:

Heilkraut	**Menge für innere Anwendung (als Getränk)**	**Menge für äußere Anwendung (zum Einreiben, zum Gurgeln)**	**Anwendungsmöglichkeiten**
Brennnesselkraut 	½ Teelöffel, 2 Minuten ziehen lassen		Blasenentzündung
Eichenrinde 		2 gehäufte Esslöffel auf 1 l Wasser kalt ansetzen, 12 Stunden ziehen lassen, 30 Minuten kochen	bei Zahn- bzw. Schleimhautentzündungen, zum Gurgeln, bei Ekzemen äußerlich, bei Sonnenbrand
Holunderblüten 	¼ Teelöffel, 2 Minuten ziehen lassen		Fieber
Kamillenblüten 	nur 3 Blüten, 1 Minute ziehen lassen	1–2 Teelöffel auf 500 ml kochendes Wasser, 5 Minuten ziehen lassen	Bauchschmerzen, Blähungen, Magenschmerzen
Lindenblüten 	¼ Teelöffel, 2 Minuten ziehen lassen		fiebrige Infekte, vorbeugend in Erkältungszeiten, Bronchitis
Pfefferminzblätter 	¼ Teelöffel, 2 Minuten ziehen lassen		Bauchschmerzen, Blähungen, Magenschmerzen

Quelle: Dietrich Grönemeyer: Der kleine Medikus. Rowohlt Verlag, S. 348–350.

1.

Beantworte folgende Fragen:

Welche Heilkräuter helfen gegen Bauchschmerzen?

Was wird gegen Fieber empfohlen?

Was kann man zum Gurgeln verwenden?

2.

**Schreibe ein Rezept für Anna oder Paul auf.
(Name des Tees und seine Zubereitung).**

**Anna hat sich einen heftigen Sonnenbrand zugezogen.
Paul hat leichtes Fieber.**

3.

**Frage deine Eltern oder Großeltern, ob sie noch weitere Heilkräutertees kennen.
Notiere auf einem Zettel: Namen, Menge für die Zubereitung, Anwendungsmöglichkeiten.**

Eine berühmte Kinderbuch-Figur

Wenn jemand zufällig in die kleine Stadt kommen und sich etwas zu weit hinaus in den einen Außenbezirk verirren sollte, dann würde er die Villa ____________ ____________ zu sehen kriegen. Nicht, dass etwas Besonderes an dem Haus wäre – eine baufällige Villa mitten in einem ziemlich verwahrlosten alten Garten. Aber der Fremde würde wohl stehen bleiben und wissen wollen, wer dort wohnt. Alle Leute, die in der kleinen Stadt lebten, wussten natürlich, dass ____________ ____________ in der Villa ____________ ____________ wohnte, und sie wussten auch, warum ein Pferd mit Namen ____________ auf der Veranda stand. Aber jemand, der aus einer anderen Gegend kam, konnte es ja nicht wissen. Und der würde sich bestimmt wundern. Am meisten, wenn es ganz, ganz spät und beinahe schon dunkel war und wenn er, obwohl es so spät war, ein kleines Mädchen entdeckte, das so aussah, als ob es zu Bett gehen wollte. Sicher würde er dann denken: Ich möchte wissen, warum die Mutter des kleinen Mädchens nicht dafür sorgt, dass es ins Bett kommt. Alle anderen Kinder schlafen ja um diese Zeit. Denn wie sollte er wissen, dass dieses kleine Mädchen keine Mutter hatte? Es hatte auch keinen Vater, jedenfalls keinen, der zu Hause war. Es wohnte ganz einfach allein in der Villa. Nun, vielleicht nicht ganz allein, wenn man genau sein will. Ihr Pferd ____________ wohnte ja auf der Veranda. Und dann hatte sie auch einen Affen, der ____________ ____________ hieß und zwei Spielkameraden. Das waren ____________ und ____________.

Quelle: Pippi Langstrumpf geht an Bord. Verlag Friedrich Oetinger-Hamburg. 1986, S. 7–9.

1.

Löse mithilfe der Buchstaben in den Kästchen das Rätsel. Die Anfangsbuchstaben der Wörter sind rot gedruckt.

Wie heißt das kleine rothaarige, sommersprossige Mädchen?

I I P P P   A F G L M N P R S T U

Wie heißt der Affe?

E H R R   E I L N N O S S

Wie heißt das Pferd?

E E I K L N R   E L K N O

Wie heißen die besten Spielkameraden des kleinen Mädchens?

A H M O S T und A A I K N N

Wie heißt das Haus, in dem das kleine Mädchen wohnt?

A I L L V   B E K N N T T U U R

2.

Trage die Wörter nun in die richtige Stelle des Textes ein.

3.

Es gibt viele Bücher über das rothaarige, sommersprossige kleine Mädchen.
Schreibe alle Titel in dein Heft.
Suche in der Bibliothek oder im Internet.

Wir sitzen auf dem Trockenen

Julia ist Schülerin der „Bethesda-Schule“* in Bad Kreuznach. Sie ist 10 Jahre alt und mehrfach behindert. Julia braucht Hilfe beim Anziehen, beim Essen oder beim Gang zur Toilette. Das Lesen und Schreiben fällt ihr schwer, und Rechnen ist auch nicht ihr Lieblingsfach.

Julia hat Mühe einen Stift zu halten, auch mit dem Konzentrieren klappt es nicht so richtig. „Aber eines kann ich prima …!“ Ihre Lehrerin lächelt: „Julia kann schwimmen, ganz ohne fremde Hilfe. Julia schwimmt und taucht, planscht und paddelt. Sie juchzt ausgelassen, und ihre Augen strahlen – unbeschreiblich!“

Das Schwimmbad der „Bethesda-Schule“ hat seit fast vierzig Jahren Kindern und auch Erwachsenen mit Körperbehinderungen viele glückliche Stunden beschert. Es dient als Therapiebad** und wirkt auf das Wohlbefinden von Körper und Geist. Leider musste das große Becken bereits geschlossen werden. Auch das kleine Becken darf wegen Überalterung bald nicht mehr genutzt werden. Die komplette Schließung des Bades steht bevor.

Die Grundsanierung des Therapiebades ist dringend notwendig und wird sehr teuer werden. Man rechnet mit über 800 000 Euro Kosten, wovon ein großer Teil aus den Mitteln der Schule aufgebracht werden müsste. Aber so viel Geld ist nicht vorhanden.

Quelle: Offene Tür 4/2005, S. 3.

**Bethesda: Teichanlage nördlich des Tempels von Jerusalem*
***Therapiebad: Bad für Heilbehandlungen*

Julia besucht eine Schule für Körperbehinderte. Sie kann vieles nicht, was für dich ganz selbstverständlich ist.

1. **Unterstreiche alles, was sie nicht kann, rot.**
Unterstreiche alles, was sie gut kann, blau.

2. **Beantworte folgende Fragen:**

Seit wie vielen Jahren gibt es das Schwimmbad in der Bethesda-Schule?

Welche Aufgaben hat dieses Schwimmbad?

Warum muss das Schwimmbad wahrscheinlich geschlossen werden?

Wie hoch sind die Kosten für die notwendigen Reparaturen?

3. **Wodurch könnte das Bethesda-Schwimmbad vielleicht doch noch gerettet werden?**
Überlegt in der Klasse, was man tun könnte.

4. **Schreibe das Ergebnis eurer Überlegungen in Stichworten hier auf.**

Verhalten bei Gefahren

Verlasse sofort das Haus, wenn der Rauchmelder Alarm gibt!

Verschließe Fenster und Türen, wenn du im Auto bist!

Meide offenes Gelände, Berggipfel und Masten!

Schlägt der Blitz ins Auto ein, passiert nichts, weil die Reifen den Strom nicht weiterleiten!

Schlage den sichersten Fluchtweg ein und versuche, dem Rauch auszuweichen!

Suche in einem Gebäude Schutz und schließe alle Fenster und Türen!

Suche NIEMALS unter Bäumen Schutz, denn der Blitz schlägt meistens in das höchste Objekt* ein!

Krieche am Boden entlang, wenn du durch Rauch gehen musst! Hier kann man besser atmen!

Halte dich von Draht und Metall fern!

Öffne nie eine Tür, die sich heiß anfühlt!

Schiebe eine kühl wirkende Tür vorsichtig mit der Schulter auf!

Wirf alle Metallgegenstände weg, die du bei dir hast (z.B.: Schirm und Schlüssel)!

Warte bis das Gewitter ganz vorbei ist, denn auch eine halbe Stunde nachdem Regen und Donner aufgehört haben, können Blitze einschlagen!

Quelle: Claire Llewellyn: Survival – Handbuch für Kids. Ars-Edition 2004.

**Objekt: Gegenstand*

Auf der linken Seite sind zwei Texte über das Verhalten in Gefahren durcheinander geraten.

1. **Schreibe auf, um welche Gefahren es sich handelt!**

2. **Markiere die Sätze, die thematisch zusammengehören, mit unterschiedlichen Farben.**

3. **Schreibe einen der Texte auf.**
Gib dem Text eine passende Überschrift.

Eins, zwei, drei – Hexerei

So kannst du dich als Hexe oder Hexenmeister verkleiden.

Trage mit einem Schwamm eine weiße Grundierung auf.

Umrande die Augen schwarz mit einem dicken Pinsel.

Schminke deine Lippen schwarz.

Zeichne zwei schwarze Augenbrauen und über die Lippen einen Schönheitsfleck.

Bemale die Augen hell- und dunkelgrün.

Bemale die Augen mit goldener Farbe in Form eines Blattes.

Trage mit einem Schwamm eine leuchtend grüne Grundierung auf.

Hexe: grüne, goldene, schwarze Farbe, Hexenhut, grüne Perücke, Umhang, schwarzes Kleid oder schwarzer Rock
Hexenmeister: weiße, gelbe, hellgrüne, violette Farbe, Hexenhut, langer Bart, langer Umhang oder Nachthemd, Zauberstab

Male deine Fingernägel schwarz an oder klebe dir falsche lange Nägel auf.

Schminke deine Lippen lila und klebe einen Bart an.

Quelle: Jacqueline Russon: Das große Schminkvergnügen, Nebel Verlag, S. 36f.

1. **Trage jeweils in die Kästchen ein, ob sie zur Hexe (H), zum Hexenmeister (M) oder zu beiden (H; M) gehören.**

2. **Notiere hier, ob du dich als Hexe oder Hexenmeister verkleiden möchtest. Schreibe auf, was du alles dazu brauchst.**

Ich möchte mich als ______________________ verkleiden.

Dazu brauche ich: ______________________

____

____

3. **Schreibe in der *Ich-Form* auf, wie du vorgehen musst.**

Zuerst trage ich mit einem Schwamm ______________________

____

Dann ______________________

____

Danach ______________________

____

Anschließend ______________________

____

Zum Schluss ______________________

____

Zwei neue Kinder- und Jugendbücher

Erwachsene haben diese beiden Bücher gelesen und darüber für dich etwas aufgeschrieben.

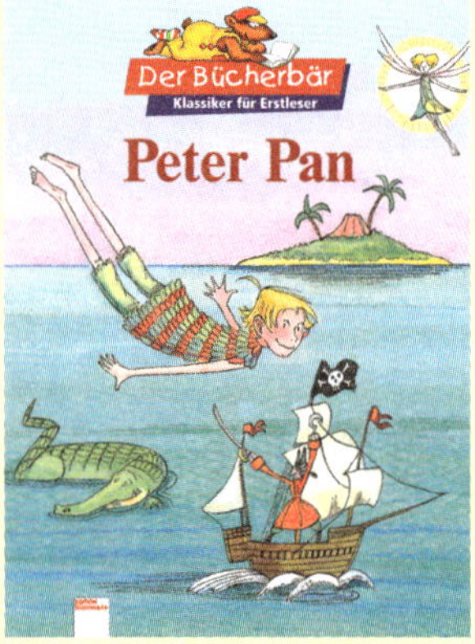

An diesem fantasievollen Buch werdet ihr viel Spaß haben. Hier geht es um den Jungen Peter Pan, der nicht erwachsen werden will.

Eines Tages fliegt Peter in das Kinderzimmer der Geschwister Wendy, Michael und John. Er erzählt von „Nimmerland" und überredet die Kinder, mit ihm dorthin zu fliegen. In Nimmerland erleben sie dann die abenteuerlichsten Geschichten mit der streitsüchtigen Fee Tinkerbell, dem schrecklichen Kapitän Hook, der nur ein großes Krokodil fürchtet, und dem wunderschönen Indianermädchen Tiger Lily.

Peter und die Kinder trotzen allen Gefahren und kehren zum Schluss gesund heim.

Der Kinderbuchklassiker erscheint hier in neuer Fassung, gekürzt und einfach erzählt. Eine spannende Geschichte für Kinder, die Peter Pan bisher nur aus dem Kino kennen.

In diesem Buch hat mal ein Junge etwas mit Pferden zu tun, und das ist gut. Hermann, so heißt der Junge, hat leichtes Fieber und geht heute nicht zur Schule. Gerade als er sich in der Küche ein Butterbrot schmieren will, erblickt er ein riesiges Pferd auf der Terrasse. Hermann ist ratlos, erst recht, als das Pferd ihm das Wohnzimmer volläpfelt und die aufgeschreckte Nachbarin die Polizei ruft. Hermann versteckt „Milchmann", so nennt er das Pferd, in der Garage. Doch das ist nur der Anfang einer Reihe äußerst seltsamer, aber sehr spannender Ereignisse, in die Hermann verwickelt wird. Aber nicht nur bei ihm taucht ein Pferd auf, sondern auch bei seinen Freunden und seinem Klassenlehrer. Was steckt nur dahinter?

Ihr werdet das spannende, lesenswerte Buch nicht mehr aus der Hand legen.

Quelle: Neue Kinder- und Jugendbücher. Hrsg. v. Stiftung Lesen, Ausgabe 3: Frühjahr 2005.

1.

Markiere in beiden Texten die Schlüsselwörter *rot*. Schlüsselwörter sind Wörter, die sich auf den Inhalt beziehen.

2.

Markiere in beiden Texten die Stellen grün, die die Meinung des Schreibers wiedergeben.

3.

Vergleiche die Bücher miteinander und setze die richtigen Wörter ein.

„ Peter Pan" ist ein ______________________________.

„Ein Pferd namens Milchmann" ist ein ______________________________

______________________________.

(altes Kinderbuch – modernes Kinderbuch)

In „Peter Pan" spielt ______________________________

die Hauptrolle.

In „Ein Pferd namens Milchmann" spielt ______________________________

die Hauptrolle.

(eine Fantasiegestalt – ein Tier)

Bei „Peter Pan" handelt es sich um eine ______________________________.

Bei „Ein Pferd namens Milchmann" handelt es sich um eine ____________

______________________________.

(ungekürzte Ausgabe – gekürzte Ausgabe)

4.

Schreibe in dein Heft, welches Buch du gerne lesen würdest und warum.

Wie wird Schokolade gemacht?

Bevor man wusste, dass man Schokolade auch essen kann, war sie bei den Azteken* schon lange als Trink-Kakao bekannt genauso wie Kakao wird auch Schokolade aus den ursprünglich herb schmeckenden Kakaobohnen gewonnen auf Kakaobäumen, die in tropischen Gebieten gedeihen, wachsen Kakaofrüchte, die bis zu 20 Zentimeter lang werden das Fruchtfleisch wird mit den Kakaobohnen aus den Früchten herausgeschält die Bohnen werden getrocknet, in Säcken abgefüllt und in eine Schokoladenfabrik gebracht dort angekommen, werden sie geröstet, zu einer Kakaomasse zermahlen und mit Sahnepulver vermischt jetzt wird die Masse erhitzt, die herb schmeckenden Stoffe gehen dabei verloren danach wird die Schokoladenmasse einige Stunden gerührt, bis sie zart ist natürlich dürfen auch die weiteren Zutaten nicht fehlen die dickflüssige Schokolade füllt man schließlich in Formen einige Stunden später, wenn die Schokolade fest geworden ist, löst man die Form ganz vorsichtig ab und eine Tafel Schokolade bleibt übrig.

Quelle: Das große Buch der 555 Kinderfragen. Verlag Buch der Zeit, S. 40.

**Azteken: Indianerstamm in Mexiko*

1.

Sicher hast du gemerkt, dass der Text aus einem einzigen langen Satz besteht. Es fehlen die Punkte.
Das ist natürlich nicht richtig.
Trenne die Sätze mit Schrägstrichen.

2.

Schreibe den Text noch einmal richtig in dein Heft. Setze hinter jeden Satz einen Punkt. Das nachfolgende Wort wird dann großgeschrieben.

3.

Schreibe alle Schokoladenwörter auf, die du kennst.

Z. B.: Schokoladenkuchen, ______________________

____

____

____

4.

In Köln gibt es sogar ein Schokoladenmuseum.
Informiere dich im Internet über dieses Museum, und schreibe einige Sätze dazu auf.

____

____

____

____

____

____

Sturzverletzungen

Kletterkünstler

Eine Jugendgruppe tollt am Seeufer herum. Da fliegt ein Handtuch in eine Baumkrone. Kevin und Umut klettern in Windeseile hinauf, um das gute Stück zu retten. Plötzlich ertönt lautes Jammergeschrei: Die beiden Jungen sind abgestürzt. Kevin hat sich das Bein gebrochen. Es muss ruhig gestellt werden. Dazu eignen sich große, flache Steine. Decken und Handtücher werden zum Abpolstern gebraucht. Umut hat eine Wunde am Kopf. Sie wird mit einem sauberen Taschentuch bedeckt. Darüber kommt eine Haube, die aus einem Dreieckstuch gebildet werden kann. Der Junge hat ziemlich viel Blut verloren. Damit seine Körperwärme nicht absinkt, muss er warm zugedeckt werden bis der Krankenwagen kommt.

Gefährliches Hindernis

Uli, Emre, Markus und Kalle sind auf Schnitzeljagd. Ein alter rostiger Stacheldrahtzaun steht im Wege. Uli, Emre und Markus springen locker darüber. Der weniger sportliche Kalle stürzt in ein Gewirr von Holzresten und Stacheln. Was nun?

Zuerst wird der Verletzte aus dem rostigen Zaun befreit. Dann legen ihn die Freunde ins Gras und überprüfen seine Wunden. Markus holt Verbandszeug aus dem Rucksack. Er bedeckt die Verletzungen, ohne sie zu berühren. Auswaschen, Salbe oder Puder kommen nicht in Frage. Die erhöhen die Infektionsgefahr!

An Kalles Bein befindet sich noch eine schmerzhafte, aber nur schwach blutende Schürfwunde. „Das ist nicht so schlimm", meint Markus. „Auf alle Fälle müssen wir Kalle zu einem Arzt bringen."

1. Kreuze an.

Eine Jugendgruppe befindet sich	im Wald.	☐
	am Seeufer.	☐
	auf einer Wiese.	☐
Ein Handtuch fliegt	auf einen Baum.	☐
	ins Wasser.	☐
	ins Gras.	☐
Die Jungen Kevin und Umut	schreien.	☐
	warten auf Hilfe.	☐
	klettern auf den Baum.	☐
Die beiden	stürzen ab.	☐
	schaffen den Abstieg.	☐
	halten sich an den Ästen fest.	☐
Kevins Bein ist wahrscheinlich	verstaucht.	☐
	geschwollen.	☐
	gebrochen.	☐
Umut hat eine Wunde	am Bein.	☐
	am Arm.	☐
	am Kopf.	☐

3. Kalle ist verletzt.

Wie können Uli, Markus und Emre ihm helfen?
Worauf müssen sie achten? Schreibe es auf.

____

____

____

„Es trompetet die ganze Nacht"

Zoo: Kölns dickstes Baby hält die Pfleger auf Trab

Das Elefantenbaby im Kölner Zoo hält die Pfleger auf Trab. Die ganze Nacht habe es trompetet, ganz schön oft und ganz schön laut, und keine Ruhe gegeben, stöhnte gestern eine Pflegerin. Ansonsten sei es aber gesund und munter und wiege rund 90 Kilogramm, schätzt Zoo-Tierarzt Olaf Behlert. Und auch Direktor Gunter Nogge, dem Anlass entsprechend mit Elefantenkrawatte, freut sich über die erste Elefantengeburt in der Geschichte des Kölner Zoos.
Auch der 25-jährigen Mutter, Elefantenkuh „Khaing Lewin Htoo", gehe es nach der dramatischen Geburt entsprechend gut. Ob es sich bei dem Baby um ein Mädchen oder einen Jungen handelt, ist nach wie vor unklar. „Wir wagen uns noch nicht an das Kleine heran", sagt Behlert. Aber auf alle Fälle soll es, sobald das Geschlecht feststeht, so wie die Mutter, einen Namen aus deren Heimatland Birma erhalten. Schon kurz nach der Öffnung des Elefantenhauses stand das Kalb im Mittelpunkt.
Schüler einer Kölner Realschule beobachten derzeit im Rahmen eines Biologie-Projekts die Verhaltensweisen von Tieren. Eigentlich seien laut Lehrplan die Menschenaffen an der Reihe gewesen, meinte gestern Lehrerin Hanna Meurer. Aber natürlich stand gestern der kleine Elefant im Mittelpunkt des Interesses.
Die Kinder fanden den Nachwuchs einfach nur „süß" und „knuffig". Gern hätten sie ihn einmal berührt. Doch Tierarzt Behlert winkte sofort ab: Das sei zurzeit viel zu gefährlich, die Herde verteidige ihr Junges.

Quelle: Bonner Generalanzeiger, 12.04.2006.

1.

Im Folgenden stehen entweder Fragen (☺) oder Antworten (☺).
Formuliere jeweils das Fehlende.

☺ Worum geht es in diesem Zeitungsartikel?

☺

☺

☺ Weil es die ganze Nacht trompetet und keine Ruhe gibt.

☺ Wie viel Kilogramm wiegt das Kleine?

☺

☺ Was trägt der Zoo-Direktor zur Feier des Tages?

☺

☺

☺ Sie heißt „Khaing Lewin Htoo".

☺ Woher stammt die Elefantenkuh?

☺

☺ Aus welchem Grund kann man dem Elefantenkalb noch keinen Namen geben?

☺

☺

☺ Weil die Herde das Kleine bewacht.

2.

Informiere dich im Lexikon oder im Internet über *Birma*.

Die kluge Minka

Endlich! Es ist Mittag, die Schule ist aus. Wie immer hat Benjamin schon großen Hunger. Gleich nach dem Mittagessen will er seine Freunde treffen und spielen. Und er freut sich auf den Heimweg. Es ist nicht weit bis nach Hause.

Genau auf halber Strecke zwischen der Schule und dem Haus, in dem Benjamin mit seiner Familie wohnt, liegt die alte Schmiede. Minka, Benjamins Katze, streicht dort gern herum. Doch jeden Tag, pünktlich um ein Uhr mittags, sitzt sie auf dem Torpfeiler der Zufahrt zur Schmiede und wartet auf Benjamin.

Auf dem Pfeiler, in Augenhöhe mit ihrem Freund, reibt sie ihr Köpfchen zur Begrüßung an Benjamins Nacken und schnurrt. „Meine liebe Minka!", antwortet Benjamin und krault sie hinter den Ohren. Dann springt sie auf den Bürgersteig und läuft mit steil nach oben gerecktem Schwanz voran nach Hause.

Doch als Benjamin heute zur Schmiede kommt, ist alles anders. Auf dem Pfeiler, auf Minkas Platz, sitzt ein großer Junge und schlenkert lässig mit den Beinen. Von Minka keine Spur. Wo mag sie bloß sein? Hat der Junge sie verscheucht? Besorgt schaut Benjamin sich um und ruft: ,,Minka! Minka!"

Da ist sie ja – gemütlich sitzt sie auf der Fensterbank des Hauses auf der anderen Seite der Straße.

Benjamin ist froh, läuft hinüber – und mit quietschenden Reifen muss ein Auto stoppen. „Junge, pass auf!", schimpft der erschrockene Fahrer. Und der Junge auf dem Pfeiler ruft: „Sieh mal, die Katze macht es richtig!" Tatsächlich. Minka steht am Straßenrand, schaut links und rechts und geht schnurstracks nach Hause. Jetzt schaut sie zurück, als wollte sie sagen: „Nun komm schon, Zeit fürs Essen!"

Quelle: Sicher zuhause & unterwegs, Ausgabe 3/2005, S. 11.

1. **Beantworte folgende Fragen.**

Wo treffen sich Benjamin und Minka nach der Schule?

Wie begrüßen sich die beiden?

Wer sitzt eines Tages nicht auf seinem gewohnten Platz?

Was wäre beinahe passiert?

2. **Wie findest du die Überschrift zu dieser Geschichte? Eigentlich stimmt sie nur mit zwei Abschnitten des Textes überein. Streiche die beiden Stellen an.**

3. **Suche drei passendere Überschriften, und schreibe sie auf:**

4. **Wie sieht dein Schulweg aus? Hast du auch schon gefährliche Situationen erlebt? Schreibe oder male ein Bild davon!**

Rennschwein Rudi Rüssel

So beginnt ein „Lesespaß für die ganze Familie“:

Wir haben zu Hause ein Schwein. Ich meine damit nicht meine kleine Schwester, sondern ein richtiges Schwein, das auf den Namen Rudi Rüssel hört.

Wie wir zu dem Schwein gekommen sind? Das ist eine lange Geschichte.

Zwei Jahre ist das her, da fuhren wir an einem Sonntag aufs Land. Wir, das sind meine Mutter, mein Vater, meine Schwester Betti, die nur ein Jahr jünger ist als ich, und Zuppi, meine kleinere Schwester.

Wir fuhren in die Lüneburger Heide und dann begann das, was wir Kinder überhaupt nicht mögen – es wurde gewandert.

Fürchterlich!

Endlich kamen wir nach Hörpel, einem kleinen Dorf.

In einem Gasthof wurde gerade ein Fest gefeiert. Die Dorffeuerwehr hatte ihr 50-jähriges Jubiläum.

Irgendwann hörte die Kapelle auf zu spielen und ein Mann in Feuerwehruniform ging zum Mikrofon und sagte:

„Jetzt beginnt unsere Tombola.“

Dann kam ein Mann an unseren Tisch mit einem kleinen Eimer in der Hand und darin waren Lose. Jeder von uns durfte eins kaufen.

Meins war eine Niete. Betti bekam einen Trostpreis, einen Fahrradwimpel.

Zuppi zog eine rote Nummer. Als die Lose verkauft waren, rannte sie damit nach vorne, zum Podium.

Der Feuerwehrmann ließ sich das Los zeigen und rief:

„Die Nummer 33! Hier ist die Gewinnerin des Hauptpreises!“

„Du hast Schwein, du hast nämlich ein kleines Schwein gewonnen.“

Tatsächlich darf Zuppi das kleine Schwein behalten und Rudi Rüssel bringt den Alltag ganz schön durcheinander.

Und dann entdeckt es noch seine Begabung als Rennschwein.

Quelle: Uwe Timm: Rennschwein Rudi Rüssel. dtv junior.

1. Ergänze die folgenden Sätze.

Die Familie besteht aus Mutter, ______________________________

____

An einem Sonntag fuhr die Familie ______________________________

Endlich kamen sie ______________________________

Dort wurde ______________________________

Ein Feuerwehrmann ging zum Mikrofon und sagte: „ ______________________________

____

Jeder von uns durfte ein Los kaufen.

Mein Los war ______________________________.

Betti bekam ______________________________.

Zuppi hatte den Hauptgewinn.

Es war ______________________________.

Sie durfte ______________________________.

Sie nannte es ______________________________.

Das Schwein brachte ______________________________.

Später entdeckte ______________________________

____

2. Bittet eure Lehrerin oder euren Lehrer, das Buch in der Klasse zu lesen.

Frühstück (nicht nur) für Profis

Jürgen Klinsmann rät:

Das Frühstück liefert den „Treibstoff" für den ganzen Tag. Daher ist es die wichtigste Mahlzeit des Tages. Ohne ein Frühstück kannst du dich schlechter konzentrieren, bist nervöser und kannst dich beim Sport sogar schneller verletzen!

Wenn du morgens noch nichts essen kannst, dann trinke wenigstens etwas! Ein Glas Milch, Kakao oder Saft macht dich wach. Und für den Fall, dass der Hunger später kommt: Hab immer Joghurt, ein Vollkornbrötchen oder Obst dabei. Warte nie bis zum Mittagessen!

Wie mein Profifrühstück aussieht?

Ich esse gerne Rührei mit einem frischen Brötchen und etwas Butter. Dazu trinke ich zwei Tassen Kaffee und ein großes Glas Orangensaft, am besten frisch gepresst. Dieses Frühstück liefert viel Eiweiß. Das Brötchen sollte ein Vollkornbrötchen sein. Und der Orangensaft liefert viele Vitamine!

Auch ich mag Burger und Pommes, aber man sollte es damit nicht übertreiben.

Gebote:

1. Achte immer auf eine gesunde Ernährung.
2. Besonders wichtig ist ein gutes Frühstück.
3. Bist du ein Frühstücksmuffel, trink etwas und nimm dir ein zweites Frühstück mit auf den Weg.
4. Kohlenhydrate (Kartoffeln, Nudeln, Reis) sollten einen Großteil deiner Ernährung ausmachen.
5. Iss öfter kleine Mengen und trinke viel.

Verbote:

1. Vermeide fetthaltige Lebensmittel wie Hamburger, Schokolade oder Chips.
2. Füge deinen Speisen kein Fett zu (zum Beispiel Butter zu Nudeln oder Kartoffeln).
3. Trink in der Halbzeit keine zuckerhaltigen Getränke.
4. Fleisch, Pizza, Eis und zu viele Süßigkeiten liegen lange und schwer in deinem Magen und rauben dir Energie.

Quelle: Claus Peter von Niem, Karin Helle: Meine Fußballschule mit Jürgen Klinsmann. Loewe Verlag 2004, S. 36.

1. **Stelle aus den folgenden Lebensmitteln und Getränken drei gesunde Morgenmahlzeiten zusammen. Berücksichtige dabei die Ratschläge von Jürgen Klinsmann!**

Butter – Cola – Fruchtsaft – Honig – Joghurt – Kaffee – Kakao – Käse – Kekse – Knäckebrot – Körnerbrötchen – Kuchen – Margarine – Marmelade – Milch – Müsli – Nutella – Obst – Pommes – Quark – Rosinenbrötchen – Schokoladenbrötchen – Vollkornbrot – Weißbrot – Wurst

A

B

C

2. **Notiere, was du vermeiden sollst:**

Karies

Karies ist ein winziges Bakterium*, das auf deinen Zähnen lebt. Einzeln ist es harmlos. Wenn es sich aber mit vielen Kumpels in deinem Mund herumtreibt, kann es deinen Zähnen gefährlich werden.

Diese Bakterien auf deinen Zähnen ernähren sich von Nahrungsresten, vor allem von Zucker. Wenn sie ihn verdaut haben, scheiden sie Säure aus. Diese greift deine Zähne an und kann Löcher hineinfressen. Es bilden sich braune Stellen:

Karies!

So kannst du vorbeugen:

1. Putze deine Zähne morgens und abends. Dann können die Bakterien sich im Mund nicht breit machen.

2. Gehe zweimal im Jahr zum Zahnarzt. Er kann Kariesschäden beheben und verhindern, dass große Löcher entstehen.

3. Iss nicht so viele Süßigkeiten! Und wenn du auf diesen Genuss gar nicht verzichten kannst, spüle wenigstens nach jeder Leckerei deinen Mund gründlich aus.

Quelle: Medizini, Oktober 2005.

**Bakterium: Krankheitserreger*

1. **Bilde mit den folgenden Stichwörtern Sätze. Die Sätze sollen zu dem Text auf der linken Seite passen. Du kannst auch mehrere der Wörter in einem Satz verwenden.**

abends – Bakterium – Karies – Löcher – morgens – Mundspülung – Nahrungsreste – Säure – Süßigkeiten – Zahnarzt – Zucker

2. **Und wie oft gehst du zum Zahnarzt?**

Vor der Eisdiele

A

Es ist ein heißer Sommertag. Ute, Murat und Laura stehen vor der Eisdiele und überprüfen ihre Finanzen: In Utes Federmäppchen befinden sich ganze 25 Cents. Laura verfügt über stolze 1,10 Euro. Murat zieht magere 55 Cents aus der Tasche.

B

„Wir könnten die paar Kröten ja zusammenlegen“, meint Murat. „Reicht das für 3 Portionen?“ „Für sehr kleine schon“, rechnet Ute schnell. „Aber lohnt sich das überhaupt?“

C

Da kommt Lauras Opa vorbei. Er erkennt schnell die Lage und holt einen 5-Euro-Schein aus der Geldbörse. „Hier habt ihr einen Zuschuss“, sagt er freundlich, bevor er weitergeht. „Lasst euch das Eis gut schmecken!“.

D

„Jetzt können wir alle eine Superportion essen“, frohlockt Murat. „So toll wie du meinst, ist das nun doch nicht“, überschlägt Laura.

E

„Für wie viele Kugeln pro Nase reicht das Geld denn eigentlich?“ will Murat wissen.

F

„Uns fehlt nur noch ein kleines Restchen. Dann könnte jeder von uns noch ein Bällchen mehr bekommen“, antwortet Ute.

G

Der freundliche Eisverkäufer erkennt schnell das Problem und lacht: „Weil heute so ein schöner Tag ist, soll jeder von euch 1 Kugel mehr bekommen, als er sich leisten könnte.

H

Den Rest übernehme ich!“.

1. **Beantworte die folgenden Fragen. Trage die Rechenwege in das Raster ein.**

Zu A: Wie viel Geld haben die Kinder insgesamt?
Zu B: Wie viele Kugeln könnte jedes der 3 Kinder kaufen?
Wie viele Cents bleiben übrig?
Zu C: Wie groß ist die Summe, die den Kindern jetzt zur Verfügung steht?
Zu D: Wie viel Geld erhält jedes Kind, wenn gerecht geteilt wird?
Zu E: Für wie viele Kugeln pro Kind reicht das Geld?
Berechne die Restsumme für jedes Kind.
Zu F: Wie viele Cents fehlen jedem Kind für eine größere Portion?
Zu G: Wie viele Bällchen erhält jedes Kind von dem großzügigen Eisverkäufer?
Zu H: Auf wie viele Cents verzichtet er insgesamt?

A:	0,	2	5	€	+	1,	1	0	€	+	0,	5	5	€	=			
B:																		
C:																		
D:																		
E:																		
F:																		
G:																		
H:																		

Tolle Tage

Was ist das Beste am Karneval – von den Kamellen einmal abgesehen? Na klar doch: Verkleiden! Einmal eine verwöhnte Prinzessin sein, eine magische Fee oder ein wilder Cowboy, ein lustiger Clown oder eine feine Dame – jetzt ist es möglich. Nichts wie los!
Als was geht ihr denn Karneval? Habt ihr schon euer Kostüm? Hat eure Mama eins selber genäht oder habt ihr eins gekauft? Habt ihr vielleicht sogar eines selber gebastelt? Oder mögt ihr gar nichts Bestimmtes darstellen, sondern geht einfach ganz bunt und mit viel Gel in den Haaren? Das Tolle an Karneval ist ja: Alles ist erlaubt, man muss nur Spaß dabei haben. Und ihr könnt endlich mal in Rollen schlüpfen, die ihr schon immer gern mal ausprobieren wolltet. Wenn ihr eine Hexe seid, dürft ihr richtig böse sein und alle Leute verhexen (außer natürlich, ihr seid eine gute Hexe), als Fee erfüllt ihr Wünsche, als Katze dürft ihr Milch aus der Schüssel schlürfen oder als Indianer mit Pfeil und Bogen gegen Cowboys kämpfen (na ja, nur so lange ihr niemandem dabei weh tut!).
Was denn, ihr habt keine Kostüme? Aber, das ist doch kein Problem! Bittet eure Eltern und Großeltern einmal, ihren Kleiderschrank zu entrümpeln. Her mit allem, das sie nicht mehr anziehen wollen! Wetten, dass da ganz coole Sachen zum Vorschein kommen, mit denen ihr euch prima verkleiden könnt? Witzige Hüte, riesige Unterwäsche, knallbunte Pyjamas oder lange Röcke, Hemden, Handtaschen, Hüte, Strumpfhosen, das Schlabberlätzchen vom kleinen Bruder oder das alte Ballettröckchen von der großen Schwester, ein altes Bettlaken, mit dem man sich als Gespenst verkleiden kann. Am besten, ihr packt diese Sachen in eine große Kiste oder einen alten Koffer. Immer wenn ihr Lust habt, euch zu verkleiden, könnt ihr in dieser „Klamotten-Kiste" stöbern.

Quelle: Rheinkiesel. Magazin für Rhein und Siebengebirge. Februar 2006, S. 12.

1.

Im Text auf der linken Seite werden acht Karnevalskostüme erwähnt.
Unterstreiche sie.

2.

Sicher würde es dir Spaß machen, mit Geschwistern oder Freunden eine „Klamottenkiste" einzurichten.
Sie kann bei vielen Gelegenheiten zu einer Fundgrube werden.
Schreibe auf, was du in dieser Kiste aufbewahren würdest.

3.

Karneval im Rheinland – Fasching in Bayern – fast überall gibt es am Ende des Winters fröhliche Feste mit Kostümen, Tanz und viel Getöse.
Informiere dich darüber. Das Internet oder ein Lexikon helfen dir.

Schreibspiele

Gefüllte Kalbsbrust

Mitspieler: mindestens zwei

Ihr braucht: Stift und liniertes Papier

Zeit: bis der Erste fertig ist

So wird gespielt: Ein Mitspieler tippt mit verschlossenen Augen auf ein Wort aus der Zeitung oder aus einem Buch. Das Wort muss mehr als vier Buchstaben haben, sonst muss noch einmal getippt werden. Die Buchstaben dieses Wortes schreibt ihr in großen Druckbuchstaben am Rand eures Papiers untereinander, links von oben nach unten, rechts von unten nach oben. In die so entstandenen Zeilen müsst ihr auf „Los!" so schnell wie möglich Wörter mit den betreffenden Anfangs- und Endbuchstaben schreiben. Wer alle Zeilen ausgefüllt hat, ruft „Stopp". Keiner darf mehr weiterschreiben. Lest nun vor.

Sieger: Für jedes Wort bekommt ihr einen Punkt. Haben zwei dasselbe Wort, wird es gestrichen.

Familientreffen

Mitspieler: mindestens zwei, Mannschaften

Ihr braucht: Stift, Papier und eine Uhr

Zeit: drei Minuten für jede Runde

So wird gespielt: Ein Mitspieler nennt ein Namenwort oder ein Zeitwort. Auf „Los!" schreibt ihr möglichst viele Wörter auf, die zur Wortfamilie dieses Wortes gehören. Für die nächste Runde nennt der linke Nachbar das Anfangswort für eine neue Wortfamilie.

Sieger: Wer die meisten Wörter gefunden hat, ist Sieger. Ihr könnt bei der Wertung alle Wörter zählen oder die doppelt genannten Wörter streichen und nur zählen, wie viele Wörter bei jedem Mitspieler übrig bleiben.

Übrigens: Spielt dieses Spiel einmal gemeinsam gegen euren Lehrer. Wählt zum Aufschreiben euren schnellsten Schreiber.

Quelle: Annette und Ulrike Raether: Schreibspiele. Duden Verlag 1988, S. 26, 32.

1. **Führt das Spiel „Gefüllte Kalbsbrust“ mehrmals durch und haltet euch genau an die Spielregeln.**

Hier ist ein Beispielwort:

S		**R**
I		**E**
E		**G**
G		**E**
E		**I**
R		**S**

2. **Führt auch das Spiel „Familientreffen“ durch und verwendet Wörter, zu denen sich möglichst viele Familienmitglieder finden lassen.**

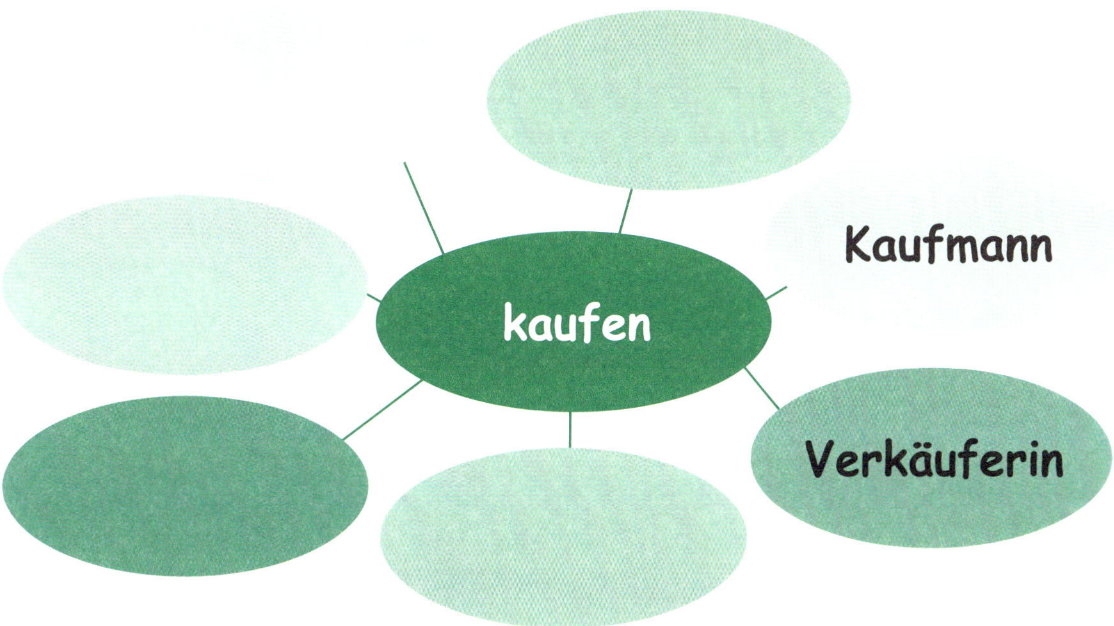

Bunte Eier

Wenn ihr zu Ostern Eier schön bunt färben wollt, müsst ihr nicht unbedingt Eierfarben kaufen. Billiger und natürlicher geht es mit Farbstoffen aus Pflanzen. Grüne Eier bekommt ihr zum Beispiel mit Brennnesselblättern (beim Pflücken Handschuhe tragen!) oder Spinat. Gelb werden die Eier, wenn ihr sie mit Safran, Löwenzahnblättern, Birkenblätter oder Färberkamille kocht. Die äußersten Blätter von Speisezwiebeln lassen Eier gelb bis rostbraun werden. Rote Beete, Malventee und Hagebutten färben die Eier rot. Violette Eier entstehen durch Rotkohlblätter, blaue durch Heidelbeeren oder Holunderbeeren (auch Saft). Je mehr ihr von den Färberpflanzen in den Kochtopf gebt, desto intensiver wird die Farbe.

Und so geht's:

Vorsicht! Das gefärbte Wasser kann auch eure Kleidung färben oder in der Küche Flecken hinterlassen. Besser, ihr zieht euch alte Kleidung an und deckt empfindliche Oberflächen mit Zeitungspapier ab. Sammelt die Färberpflanzen eurer Wahl und zerkleinert sie. Nehmt einen alten Kochtopf (vorher die Eltern fragen, denn es könnten Farbreste zurückbleiben) und setzt Wasser mit einem Schuss Essig auf. Nehmt die Eier, die ihr färben möchtet, und piekst sie an einem Ende mit einem spitzen Piekser an. Jetzt wählt eine Farbe aus und gebt die Färberpflanzenstücke und die Eier ins Wasser. Lasst beides zehn Minuten kochen – fertig sind die bunten Eier!

Tipp:

Nehmt immer nur eine Farbe; Kombinationen aus zwei und mehr Farben werden schnell unschön und braun. Fangt am besten mit der hellsten Farbe an, die ihr habt, z.B. gelb, und färbt die nächsten Eier grün oder rot. Für jede neue Farbe müsst ihr das Wasser wechseln. Lasst die Eier in einem Sieb trocknen und reibt sie anschließend mit einem Stück Speck oder etwas Öl ab – so glänzen sie besonders schön.

Quelle: Rheinkiesel. Magazin für Rhein und Siebengebirge. 03/2006, S. 14.

1. **Schreibe zu jeder der folgenden Farben zwei entsprechende Pflanzen auf:**

grün: ______________________

____

gelb: ______________________

____

rot: ______________________

____

blau: ______________________

____

2. **Wie färbst du deine Ostereier?**
Beschreibe es in kurzen Sätzen mithilfe der folgenden Stichwörter:

alte Kleidung – Färberpflanzen – Wasser – Essig – Eier – Piekser – Pflanzenstückchen – kochen – Sieb – Speck – Öl

Zuerst

____

____

____

____

Speisekarte vom 18.01.2006

Suppen	
Hühnersuppe mit Einlage	4,00 €
Gulaschsuppe mit Sahnehäubchen	4,10 €
Tomatensuppe mit Sahnehäubchen	4,40 €
Kleine Gerichte	
Fleischkäse mit Bratkartoffeln und Spiegelei	6,90 €
Damentoast, kleines Putensteak mit grünem Spargel und Sc. Hollandaise, Salatgarnitur	9,70 €
Herrentoast, kleines Rumpsteak mit Knoblauchzwiebeln und Speck an Salaten der Saison	12,90 €
Große Salatteller	
Zu allen Salaten reichen wir Stangenweißbrot.	
Großer Salatteller mit Fetakäse und Oliven	7,80 €
Salat Madeleine, großer Salatteller mit gebratenen Putenstreifen, Champignons und Zwiebeln	9,90 €
Großer, knackiger Salatteller Tonno mit Thunfisch und Ei	7,80 €
Aus der vegetarischen Küche	
Blumenkohlröschen mit Petersilienkartoffeln	6,80 €
Gemüseteller mit Champignons, Reis und Spiegelei	7,20 €
Gemüsemaultaschen auf Schmorzwiebeln	6,40 €
Fischgerichte	
Zanderfilet in Zitronenbutter gebraten auf Wildreis – dazu Blattsalat in Himbeerdressing	15,60 €
Gebratenes Rotbarschfilet mit Speck-Zwiebeln	
Fleischgerichte	
Jägerschnitzel vom Schwein mit frischen Champignons in Rahm, Pommes und Salat	10,40 €
Zigeunerschnitzel vom Schwein mit Paprikasauce, dazu Pommes und Salat	10,40 €
Schweineschnitzel Wiener Art mit Gemüseteller und Bratkartoffeln	10,40 €
Desserts	
Gemischtes Eis mit Sahne	3,50 €
Hausgemachte Waffeln mit Kirschen und Eis	3,80 €
Rote Grütze mit Vanilleeis	4,20 €
Warmer Apfelstrudel mit Vanillesauce	3,70 €

Quelle: Restaurant „Zur Linde", Königswinter.

Auf Speisekarten stehen manche Wörter, die dir unbekannt sind.

1. **Unterstreiche sie auf dieser Speisekarte und suche nach passenden Erklärungen. Das Internet oder ein Lexikon helfen dir.**

2. **Stelle eine Mahlzeit aus drei Gängen zusammen, die insgesamt höchstens 15,00 Euro kostet.**
Schreibe die Preise dazu:

Suppe: ______________________

Hauptgang: ______________________

Nachtisch (Dessert): ______________________

Berechne den Gesamtpreis und schreibe ihn hier auf: __________

3. **Deine Eltern haben im Lotto gewonnen.**
Das muss gefeiert werden!
Jedes Familienmitglied darf sich aussuchen, worauf es Appetit hat. Stelle deine Mahlzeit zusammen und schreibe die Preise dazu:

Suppe – und/oder Salatteller – und/oder kleines Gericht:

____

Fisch – und/oder Fleisch – und/oder vegetarisches Gericht:

____

Dessert (Nachtisch), (auch mehrere Nachspeisen möglich):

____

Berechne den Gesamtpreis und schreibe ihn hier auf: __________

Gibt es einen Mann im Mond?

Du hast sicher schon einmal bei Nacht den Mond betrachtet. Konntest du auch ein Gesicht oder einen Mann im Mond sehen? Der Grund dafür sind die vielen dunklen Flecken auf der trockenen und steinigen Oberfläche des Mondes. In Wirklichkeit handelt es sich bei diesen Flecken natürlich nicht um ein Gesicht oder einen Mann, sondern um zahlreiche Krater und Täler. Diese sind dadurch entstanden, dass große Gesteinsbrocken auf der Mondoberfläche eingeschlagen sind. Früher glaubten die Menschen, dass diese Flecken Meere seien. Sie gaben diesen Mondmeeren schöne fantasievolle Namen wie Regenmeer oder Meer der Gelassenheit. Die Krater wurden nach berühmten Astronomen* wie Kepler, Kopernikus, Ptolemäus oder Tycho benannt.

Im Jahre 1969 wurde der Mond das erste Mal betreten. Seitdem wissen wir, dass es keine Meere und kein Wasser auf dem Mond gibt. Weil der Mond keine Atmosphäre hat, gibt es auch keine Luft auf ihm. Am Tag ist es mit bis zu 130°C auf dem Mond kochendheiß, nachts mit –150°C eisigkalt. Ein Leben auf dem Mond ist somit unmöglich.

** Ein Astronom beobachtet und erforscht Sterne, Planeten und andere Objekte im Weltall.*

1. **Finde in dem Wortsuchrätsel Namen für Mondmeere und Krater. Sie haben sich sowohl waagerecht als auch senkrecht versteckt. Schreibe sie unten auf die Linien.**

F	R	U	C	H	T	B	A	R	K	E	I	T
R	G	C	P	T	O	L	E	M	Ä	U	S	H
E	A	H	O	N	I	G	M	E	E	R	I	E
G	E	L	A	S	S	E	N	H	E	I	T	I
E	U	H	G	M	G	I	T	Y	C	H	O	T
N	B	K	O	P	E	R	N	I	K	U	S	E
M	S	T	U	R	M	M	E	E	R	M	F	R
E	W	O	L	K	E	N	M	E	E	R	W	K
E	P	T	Y	I	O	C	Q	K	Y	U	C	E
R	Y	Q	J	D	M	F	Z	D	A	H	I	I
K	E	P	L	E	R	O	X	N	K	E	W	T

Meer der *Heiterkeit* ____________ Meer der ____________

Meer der ____________ Meer der ____________

Sturmmeer ____________ ____________

____________ ____________

Krater ____________ Krater ____________

Krater ____________ Krater ____________

2. **Kreuze an, was du auf dem Mond antreffen kannst. Die Hälfte der Antworten ist richtig.**

- ☐ Krater
- ☐ Täler
- ☐ Mondmann
- ☐ Kopernikus
- ☐ Hitze
- ☐ Steine
- ☐ grüne Männchen
- ☐ Wasser